어린 철학자는 꽃이 지는 이유를 잊고

정경미 시집

시인동네 시인선 117　　　　　　　　　　　정경미 시집

어린 철학자는 꽃이 지는 이유를 잊고

시인동네

시인의 말

내일은
붉은 소문이 먼저 도착할 것이다.

지상에서의 하루는
애월, 이라는 이름처럼
간지럽다.

2019년 겨울
정경미

차례

시인의 말

제1부

클릭 · 13

유혹 · 14

십일월의 푸시킨 1 · 15

십일월의 푸시킨 2 · 16

십일월의 푸시킨 3 · 18

십일월의 푸시킨 4 · 20

십일월의 푸시킨 5 · 21

십일월의 푸시킨 6 · 22

십일월의 푸시킨 7 · 23

십일월의 푸시킨 8 · 24

십일월의 푸시킨 9 · 26

십일월의 푸시킨 10 · 28

십일월의 푸시킨 11 · 30

십일월의 푸시킨 12 · 31

나는 클릭한다 · 32

제2부

에덴의 골목 · 35

하오의 빼삐용 · 36

헬 바르트 뭉크의 연인들 · 38

마취과 병동 · 40

어떤 일탈 · 42

매직 쇼 1 · 43

매직 쇼 2 · 44

매직 쇼 3 · 46

매직 쇼 4 · 48

매직 쇼 5 · 50

조준(照準) · 52

이월의 광기 · 54

적소(謫所) · 56

타임캡슐에 기대어 1 · 58

타임캡슐에 기대어 2 · 60

제3부

박태기나무의 구두 1 · 63

박태기나무의 구두 2 · 64

박태기나무의 구두 3 · 65

박태기나무의 구두 4 · 66

박태기나무의 구두 5 · 67

박태기나무의 구두 6 · 68

박태기나무의 구두 7 · 70

박태기나무의 구두 8 · 72

박태기나무의 구두 9 · 73

박태기나무의 구두 10 · 74

브레비카리스의 반란 · 76

아부다비 1 · 78

아부다비 2 · 79

아부다비 3 · 80

사막 검색 · 82

제4부

아웃사이더 · 85

램프란트 미술관에서 · 86

붉은 소나기 · 87

반정 · 88

붉은 르네상스 · 90

일기오보 기타 · 91

구스타프 빌리지 · 92

재생처방전 · 94

도시철도 1 · 96

도시철도 2 · 97

걸어 다니는 조각 · 98

늙은 스피노자 · 100

겨울 알리바이 · 101

샛별미술관에서 · 102

비의 진혼곡 · 104

해설 이중부재와 시 쓰기의 괴로움 · 105
    백인덕(시인)

제1부

클릭

 팔월을 잘라 화병에 꽂는다 병 속에서 태양이 거슬러 자라고 뜨겁게 소용돌이치는 바람이 몸집을 키운다 달아오른 지붕이 부풀어 오르면 기왓골 속에서 지느러미가 요동친다 서풍이 줄지어 입질을 해오고 가두행진 중인 정오 이마에서 해바라기가 출력된다 그대가 봉인한 기억을 십이차선 교차로에 풀어놓자 뿌리째 뽑힌 바다는 나풀거리는 피리 솔을 따라 행진한다 창백한 지중해가 하얀 이빨을 드러내며 달려오고 먹구름은 한랭전선 언저리에서 은하수를 몰고 온다 허물어진 빙하기가 가로등에 천둥소리를 매달자 잘려 나간 하늘이 허공을 질주한다 소강상태에 접어든 첫사랑 치열한 통증으로 나부끼면 나는 난독증 호소하는 소나기를 클릭한다

유혹

 화폭을 펼치자 이중 자화상이 이마를 포개어 바라보고 있다 창백한 얼굴 하나 눈앞에 어른거리며 영혼을 어루만진다 그대의 잘려 나간 귓가에 까마귀 울음이 진열된다 죽음을 토막 내는 데미안 허스트의 두개골이 전시장에 굴러다닌다 유리벽에 갇힌 겨울이 탈출을 한다 나르시즘을 붓질하는 봄빛이 미술관 지붕에서 나부끼자 페르소나 가면 쓴 살인마가 달려와 입을 맞춘다 달콤한 잠에서 깨어나는 요양원 뒤뜰 앉은뱅이 제비꽃이 휠체어를 굴리며 복도를 행진한다 링거병에서 피어나는 꽃들이 난간을 뛰어내린다 정오를 기억하는 눈썹들은 일제히 그림자를 뒤집어쓰고 액자 속에서 빠져나온다 봄날은 붉은 음성으로 아우성치며 도마뱀 입술 위에서 신발 끈을 묶는다

십일월의 푸시킨 1

가로등 헛바닥이 하현달에 꽂혀 있다
실험실을 탈출한 달그림자가 횡단보도에 박제되어
두 갈래 경적 소리를 움켜잡는다
불빛을 꺾어 든 모나리자의 미소
먹구름을 회유하는 동안
벼룩시장 눈썹은 갈라진 통증을 밟고 일어선다

쉰들러의 하늘이 코발트빛으로 물들면
추락한 낡은 구두가 수용소 뒤뜰에서 비틀거린다
침묵 속에 쌓인 날 선 먼지들
사막 저편에서 뒹굴고
민달팽이가 지고 가는 신음 소리
자동차 바퀴에 감긴다
잃어버린 생
아우슈비츠 담벼락을 오르면
심장을 태우는 자정의 까마귀 떼
초침 소리를 끌고 온다

십일월의 푸시킨 2

무채색의 하늘이
온종일 팔레트 위에 넘어져 있다
아파트 외벽에 매달린 햇살은
고소공포증에 시달리고
로프를 타는
몸집 큰 그림자 하나
허기진 두 손을 짖어댄다
북벽을 오르는 먹구름 몇 채
눈물을 뿌리는 동안
그늘진 골목길에서
낮달의 흔적이 현상된다
여우 목도리로 치장한 승용차가
장애인 주차장을 들어 올리면
창틈을 노리는 늙은 수위는
추락한 길을 끌고 간다
모스크바행 기차를 놓친 십일월이
붉은 담장을 기웃거리고
충혈 된 눈으로 고백하는 가로등

젖은 어깨가 비틀거린다
낙엽송 잎새를 불태우는 찬비가
릴케의 시든 옷깃을 세우면
낡은 이념을 걸친 전봇대는
빛나는 계급장으로 반짝인다

십일월의 푸시킨 3

아침이면 굽은 동네가 하나씩 사라진다
비에 젖은 재개발 공터 가득
영어로 새겨진 이니셜이 펄럭이고
녹슨 대문은
끝없이 뒷걸음질 친다
늙은 인부의 좁은 어깨 위로 낮달이 깃들면
삭은 언덕배기 중턱 히말라야시다가
삭발한 채 일인 시위를 벌인다
음산한 발자국을 껴입은 민둥산이
붉은 혓바닥을 늘어뜨리고
불도저 신음 깊어지면
늦가을비가 옛 그림자 뒤편에서
도시의 난청을 호소한다
구름의 미사가 시작되고
접선하지 못한 빗줄기가
타워 팰리스 주변에서 방황하는 동안
외로운 꿈을 산란하는 텅 빈 종소리
흐느적거리며 새벽을 끌고 온다

노역에 지친 허공이 내려앉고
헐벗은 하늘 한 자락 끝없이 나부낀다

십일월의 푸시킨 4

거대한 섬 하나 쓰러진다
로빈슨의 표류기를 읽은 저녁
공중부양 하는 꿈을 꾸면
목성의 등판을 걸어가는 내 그림자가 스친다
아홉 시 뉴스가 펄럭이는 광화문 네거리
가마우지 떼 몰려들고
기상특보는 거미줄처럼 뻗어간다
레이더 영상 위로 진눈깨비가 흩날린다
곤두박질치는 캐스트의 왼쪽 목소리가
일부변경선 밖에서 클로즈업 된다
플라타너스의 낡은 목덜미가 휘어진다
장외주식이 된 노란 포스트잇
나선형 계단 아래로 떨어진다
밤새도록 침묵하는 24시 카페에서
커피잔에 음유시인의 입김이 채워지면
빛바랜 창문에 젖은 머리카락이 흘러내린다
갇힌 골목을 조문하는 구름이
서서히 새벽을 풀어놓는다

십일월의 푸시킨 5

검색대를 통과한 여행자들 광장을 빠져나간다
셀카 놀이에 몰려다니는 플라타너스 잎들
금빛 설화는 혁명으로 뒹군다
익어간다는 것은 고뇌의 절정이다
하오의 절규에 편승하여
절반의 가을이 회귀한다
곤추선 적막 위로
창궐한 핏빛 노을이 쏟아진다
허공에 갇힌 달빛이 닻을 내리고
중독된 쓸쓸함 나부낄 때
지상의 문들은 먼 하늘로 열린다
추락한 비트코인 쓸어 담는 미화원 빗자루 끝에
객장을 찾지 못한 하루살이 떼 몰려들고
깨지고 지친 신발 한 짝
어둠의 정수리를 밟고 지나간다

십일월의 푸시킨 6

바리톤 음색의 늦가을이 열창한다
횡단보도에 박제된 해 그림자는
내비게이션에 꺾어진 속도계를 일으켜 세운다
시속 팔십 킬로미터의 타이어가
아우슈비츠의 절망을 재촉하고
심장은 폭동을 준비한다
하이패스 차선의 눈빛이 교회 첨탑에 꽂히고
갓길을 끌고 가는 핸들의 아우성
나침반 사이로 착지한다
홈런을 날리는 비트코인 지수가
늙은 해바라기 등판에 매달리면
카푸치노 향기에 복사되는 수수께끼가
은밀하게 익어간다
낙관이 펄럭이는 낡은 화첩 겉장에
프랑수아 밀레의 눈썹이 떨어져 쌓이고
자동차 바퀴에 끼인 낮달은
허공에서 길을 잃고 나부낀다

십일월의 푸시킨 7

사이렌의 광기가
나 어릴 적처럼 몰려다닐 때
머릿속 흩날리는 환청이 스캔된다
언덕배기 집 늙은 화가는
검붉은 사유가 스칠 때마다
기우뚱거리는 화폭에 대못을 박는다
코스닥 지수에 울부짖는 하루살이
뜨겁게 몰려다닌다
시위하는 플래카드가
타워 팰리스 내장 속으로 달려간다
고독에 저당 잡힌 구릿빛 낮달이
팔차선 어깨 위에
행성 하나 걸어놓으면
비틀거리는 노을빛
달구어진 사막을 순산한다

십일월의 푸시킨 8

복지원 마당을 구르는 천둥소리
어둠을 털어낸다

둥글게 몸을 말아 침묵하는 빗방울
땅속에서 솟구치는 아우성이
뜨겁게 요동친다
도보로 걸을 수 없는 아침이
서럽게 피어난다
비틀거리는 길이 일어서고
이식하지 못한 꿈을
밀고 가는 바퀴는
이탈한 궤도 등판에서 눈을 뜬다
람사르 습지를 품은 은하수의 눈물이
하늘을 적시고
옆구리에 자정을 매단 태양은
폐허가 된 행성 하나를 건져올린다
허공을 깨운 강물이
개폐식 날개를 끌고 간다

슬픔의 늪에서

비행일기가 슬로비디오로 상영된다

십일월의 푸시킨 9

낡은 작업화 비집고
페르귄트가 혓바닥을 내민다
인력시장 잔고를 기억하는 눈빛이
전광판에 굴러다니고
해독할 수 없는 별자리들
길을 잃고 서성인다
늦가을비가 굴착기를 두드리면
멈춰 선 재개발 공터에는
싸늘한 냉기가
남은 기억들을 무너뜨린다

급식소 앞에 늘어선 그림자 행렬
늙은 행상의 허기가 탑이 되어 쌓인다
낙엽의 살점들 흩날리고
사이렌 소리 울음을 삼킨다
점멸등 앞에 날아든 검독수리들
사라진 지문을 노릴 때
파업한 노을이

낯선 표지판을 견인한다
그대 등판에 새겨진 야광 문자 펄럭이면
먼 역사 뒤뜰에서
깨어진 포클레인이 눈을 뜬다
통증 자욱한 건널목이
유폐된 하늘을 끌고 간다

십일월의 푸시킨 10

기억에서 밀려난 봄날이
돌아선 채 서성거린다
키가 자라지 않는 해바라기
슬픈 노을빛 게워내고
벼랑 끝에선 메아리 없는 삶이
갠 날도 광장 귀퉁이에서 떨고 있다
오뉴월 볕살 비껴갈 때
분수대에 매달린 안개는 헐려 풀어지고
더 이상 집을 짓지 않는 네온사인
빌딩 숲 오르며 고독한 행렬을 새긴다
팽개쳐진 아침은 일어설 줄 모르고
정류소를 놓친 통근버스
기다리는 이가 없어
가슴 한 구석에 노역의 길을 연다
우거진 생애 길바닥에 뿌려지고
관절에 통증이 번진다
계단 앞에 멈춰선 휠체어는
바퀴살로 메마른 허공을 갉아댄다

차창에 얼비치는 실낱같은 불빛이
허공에서 포물선을 그리는 동안
엎드린 산들이
푸른 아가미로 질긴 생명을 게워낸다

십일월의 푸시킨 11

추운 별 하나 포장을 밀치고 들어선다
자정을 끌고 가는 매립지가 돋아나고
잔에 넘치는 비명이 뜨겁다
빗소리 몇 장, 깨어진 이야기를 펼치며
유리창에 허공을 매달아 놓는다
아모르 파티를 추억하는 몸부림 깊어지면
구겨진 밤을 펴는 여자의 그림자가
건너편 종탑 속으로 기어든다
가스등 어깨 너머로
부메랑의 삶이 들썩거리자
적막은 은폐된 도시를 끌고 간다
졸음이 얼룩진 의자 위에
지친 구름이 휘청거리고
그림자 하나 혁명 속으로 사라진다
보도블록을 비집는 달빛은
길고양이 눈빛 사이로
노숙한 맨발을 끌고 온다

십일월의 푸시킨 12

짙푸른 으스름 깔린 거리
새벽을 밀어내는 인력시장 골목
허기진 눈빛들이
하현달 목청을 뒤쫓아 간다
화톳불 앞에 모여든
어깨 처진 하늘은
하루살이 벽을 넘지 못하는 슬픔
깡소주 한잔으로 달랜다
제비뽑기 일감이
안전모에 굴러들고
집 나간 시곗바늘이 얼굴을 내밀면
플라타너스 잎은
분수대에 매달린다
쪽방촌에 찾아든
붉은 고지서 나부낄 때
낡은 문살에 뿌리내린 햇살 한 줌
텅 빈 공사장을 돌아 나온다

나는 클릭한다

　머리칼 풀어헤친 열기가 빌딩 숲을 훑는다 횡단보도 위에서 뙤약볕이 몸부림치고 잠을 놓친 에어컨은 덧칠한 피자집 창문에 앉아 붉은 비명을 지른다 수족관에서 컬러 테트라 무리가 물 계단을 오르면 귓바퀴 돌리는 수초가 열 오른 수은주를 삼킨다 수영복의 마네킹들 자두빛 물방울을 뿌리며 거리를 활보한다 별빛 아래서 분수가 샤워를 즐기고 올빼미족들 어둠을 갉아먹는다 남아공 주먹별이 쏟아진다 소나기가 발톱을 세운다 고비사막 건너온 쌍봉낙타가 등판을 흔든다 공중에서 짝짓기 하는 달맞이꽃 네온은 열대성 고기압을 풀어놓고 신호기를 당긴다 말복이 교회 첨탑에서 나부낄 때 해독할 수 없는 자귀나무 그림자 눈을 뜬다

제2부

에덴의 골목

악기상을 빠져나오면 그림자 하나 따라온다
뙤약볕 아래 길은 저물고
내 몸속에 첼로는 샤르트르의 가을을 연주한다
현을 쫓아가는 왼쪽 발이 뮤직 콘서트홀을 지나가면
늙은 첼리스트의 골목을 기억하는
오른쪽 신발은 젖은 별빛을 끌고 온다
블랙홀에서 터져 나오는 초점 잃은 선율이
여자의 목덜미를 낚아채 어둠 속으로 사라질 때
장례식장 불빛이 드럼을 뜨겁게 난타한다
소나기 한 줄기 잘려 나간 저녁
공터에 십삼월의 하늘이 내걸리면
검은 비 등판을 타고 강물이 절규한다
지휘봉 끝에서 흩어지는 영혼들
이생의 봄날을 날려 보낸다
빈집의 공허가 그 여자의 오후를 지운다
레퀴엠 연주가 끝이 나고
소리를 삼킨 나는 몸 안에서
악기 하나 재생시킨다

하오의 빠삐용

탈선한 그대의 가죽구두는
도시의 숲으로 적막을 끌고 간다
내가 자유석에 앉아 손금을 펼치면
수척한 하루가 쌓이고
바다는 한 뼘 남은 햇살을 토해낸다

나는 암실에서 꺼낸 비망록을 해시계 위에 올려놓는다

텅 빈 교실엔 철 지난 꽃들이 만발하고
리셋 증후군에 시달리는 그대는
영혼 없는 타종 소리에 길을 매단다
이름 없는 새 한 마리
새가 되지 못한 나와 마주친다
〈관계자 외 출입금지〉
팻말이 오후에 감긴 필름을 반납하면
창틈으로 노을이 채위를 바꾸어
빛의 출구를 지운다

>

해 질 무렵

갓길 없는 팔차선 물살 위에서

수거되지 못한 슬픔 하나

아득한 전생을 건너간다

헬 바르트 뭉크의 연인들

해골 숲에 남녀가 마주 서 있다
남자의 어깨에서 날개가 돋아나고
침묵에서 깨어난 가시나무가 춤을 춘다
인형의 집을 뛰쳐나온 구름은
검은 달을 심연 속으로 밀어 넣는다

소파에서
뿔소들 교성 터져 나오는 입센의 창가
어둠이 긴 혀를 머리에 감고 흐느낀다
질식하는 자정이
남자의 이마 위에 입맞춤을 하면
장밋빛 향기가 되살아나고
동공 사이로 비명이 흘러내린다

고양이 눈동자 속에서
달그림자가 집을 짓는다
남자 숨소리는 짐승의 체취 되어
인적 없는 골목을 기어 나온다

할퀸 목덜미가
창 너머를 경계하듯 훑어본다

뜨거운 슬픔이 화폭에 매달려 행진하는 사이
여자의 숨소리가 안개 속에서 인화된다

마취과 병동

희뿌연 안개 흥건히 젖어 있는 꽃밭
나는 이름 모를 유년의 나비를 쫓고 있다

코끝에서 맴도는 아득한 현기증
분분할 때
비상구에 매달린 뫼르소의 검은 넥타이는
별빛을 해독한다

날아오르는 수척한 영혼이
지친 둥지에 육신을 풀어놓으면
쉼 없이 달려온 강물
패혈증에 말라간다
비명을 도려내는 초침 소리에
놀란 늪이 출렁이고
백치처럼 신음하는 거울은
외과병동 쪽으로 체위를 바꾼다
발치에 뒹구는 어둠이 돌아눕자
여자가 느리게 햇살을 펌프질하고

환청에서 깨어난 모란 한 송이
젖은 추억을 불태운다
눈뜬 공허가
옷자락에 걸려 쓰러지면
절망으로 타오르는 오래된 얼굴
환승역 플랫폼에서 맴돈다

어떤 일탈

폭주족의 바퀴가 뜨겁게 달아올라
혁명을 꿈꾸며 달린다
사이드미러에 비친 세상은
언제나 눈앞에 펼쳐진 세상보다 가깝다
속도를 헐어내는 뜨거운 함성이
사차선 도로에 출렁이고
날짐승의 울음은 횡단보도에 흥건히 찍혀 있다
도망치는 들개들의 야성이
지구를 굴리며 횡단할 때
펄럭이는 사이클론의 날개가
주홍빛 피를 적시며 퍼덕인다
폐쇄된 하늘에서
주먹별이 비 오듯 쏟아져 내리고
도시는 패닉 상태에 빠져든다
블랙박스를 파헤치는 상현달의 내력이
앞바퀴에 걸려 휘청거리고
깨어진 밤을 난자하는 서치라이트
자정의 동공을 갉아먹는다

매직 쇼 1

피안을 접속하는 순간

노르웨이 숲 나비 떼 달려온다

뜨거운 눈빛이

박물관 담장을 거침없이 넘어가면

매화가 시샘하며 쫓아간다

봄을 기억하는 심장에

숨결이 차오르고

스테인드글라스에

깨진 겨울비가 얼굴을 내민다

공중에서 열대어가 헤엄쳐 다니는 정오

동영상이 박태기나무 옆구리에서 돌아가고

오색 물방울이 가속페달을 밟는다

소방호스에서 뿜어져 나오는

쇼팽의 주파수가

이월의 경계를 지우면

불시착한 피에로가

엘피판 위에서 뛰어내린다

매직 쇼 2

사월 폭설이 쏟아진다
피에로 모자를 쓴 중국 인형은
무인자판기 앞에서
애틋한 눈빛을 주고받는다
동전을 넣고 버튼을 누르자
구겨진 길들이 연신 굴러 나오고
키 큰 미루나무 한 그루 일어선다

기억들이 하나 둘 구워져 나오면
빗속에서 종이장미가 피어난다
링거 꽂은 가로수가 춤을 추자
열대어가 열대야에 몸살을 앓는다
제 살 깎는 만년설을 관람하는 동안
남아공 주먹별이 바다에 떨어진다
불가사리 헤는 밤엔
엽낭게 걸음이 구두 속에 쌓이고
네 발로 기어 다니는 허기진 짐승이
악어 이빨을 토해낸다

슬픔을 찢으며
애벌레처럼 몸을 비트는 불꽃
휴화산이 녹슨 바다 위에 떠다닌다

사이클론을 삼킨 지구는 독감을 앓는 중

매직 쇼 3

회전문 옆구리로
타임캡슐이 기어 나온다
램프가 켜지는 순간
디기탈리스 꽃들이 일제히 귀를 세우면
기생나비 두 마리 작은곰자리에서 나부낀다
바다가 담긴 호리병에 헤라신이 밀려오고
늙은 무용수가 그네를 타는 동안
폭죽이 터지면서
빈 행성들이 공중을 날아다닌다
노란 불이 켜진 거울 속에
폭설이 쏟아지면
박수 소리가 시베리아 완행열차에 오른다
피에로가 눈썰매를 끌며
나선형 계단을 맴돌고
사내가 막대기로 하늘을 돌린다
흰수염고래 쌍쌍이 탱고를 출 때
붉은 노을이 무용수 입술에서 출렁이면
와인 잔을 든 비둘기가 회전목마를 타고 행진한다

천장이 열린 벤젠 이발소 문 앞에서
피부색 다른 불빛들이 스트립쇼를 한다

매직 쇼 4

커튼 사이로 쏟아지는 불빛이
가면을 쓰고 행진을 한다
립스틱 칠한 튤립이 무대를 달구면
땅을 깨우는 자전거 페달은
능숙한 모델의 발짓을 선보인다
마법사가 주문한 헤드라인 뉴스
기상 캐스터 오른쪽 귓불에
왈츠를 풀어놓는다
머리칼을 빗어 넘긴 조명등 어깨 너머
박태기나무 스캔들이 검색어 1위로
사이트는 마비되고
풀꽃에 찍힌 수인번호
목이 탄다
꼬마인형 속눈썹이 후사경에 반사되어
뒷모습은 모텔 간판에 도배되고
폭죽 소리 피에타 카페 창밖을 서성인다
다투어 피는 고양이 눈빛은
사월이 무너지는 연둣빛 혁명이다

박수 소리 휘장을 내리치면
복면 쓴 사내의 검은 덧니가
경계 풀린 숨소리를 훔친다
봄밤 옆구리에서 인양한 사십 분
뜨겁게 몸부림친다

매직 쇼 5

블랙홀이 국경 밖으로 흘러내린다
깃털 같은 아우성은
도시를 살찌우는 카운트다운
대형 스크린 속으로 떠밀려 간다
빌딩 난간에 걸려 있는 구름이
비스듬히 펄럭이고
뜬눈으로 꿈꾸는 벌레들
자욱하게 날아오른다
클라이맥스를 펼치는 거대한 함성
반세기의 아침을 끌고 오면
땅 위로 솟는 별빛이 길을 열고 나온다
젖은 몸부림 태양의 어깨로 미끄러지고
히말라야시다 발등에 생살이 돋는 사이
샛강은 낡은 껍질을 벗어놓는다
자물쇠를 여는 눈발
지상에 잠든 행간을 깨우면
심장이 복개천을 뚫고 솟구친다
허공을 낚아채는 경적이

갇혀 있는 섬들을 풀어놓자
뜨거운 발자국의 그림자
유리 지붕 위로 녹아내린다

조준(照準)

과녁을 벗어난 한낮이
휠체어 바퀴살에 꽂힌다
배고픈 입질
멀어진 꽃잎 찾아
펄럭이는 지평선을 일으켜 세운다

등뼈 구부린 여름밤이
무릎 꿇은 나무 발등을 타고 올라
별빛 가지를 꺾으면
시위를 당기는 어둠은
포식자의 심장을 관통한다

빙하기 뒤뜰에서
귀를 세우는
열사흘 달빛 아래
날짐승 울대가 허공을 휘젓는다
영혼이 진열된 CT 촬영실
레이저 불빛이 모나크나비를 핥고 지나가면

칠천 피트를 겨냥한 비행 소리가
상공을 낚아챈다
시차를 굴리는 로키산맥
눈 덮인 계곡을 저격한다

이월의 광기

수척한 봄이
공사장 등판에서 펄럭인다
목련을 견인하는 불빛 쓸쓸하고
깊은 구름은 신음 밖에서 서성인다
유리 동공 사이로 빠져나가는
싸늘한 빌딩 어깨에
자작나무 발자국이 매달린다
커피잔 속에 얼룩진 진눈깨비 그림자가
꽃의 속살을 적시면
찢겨 나간 겨울은
잿빛 교차로를 기억한다

분수대에 매달린 벼룩시장 초침은
언제나 뜬눈이다
밤을 조경하는 맹금류 수염
잠을 잊은 채 굴러다니고
층계를 오르는 석양 한 편
저체온증에 시달린다

>

아모르 파티를 외치는 남자의 오후가

거꾸로 매달려 있는

도시의 목덜미에

나부끼는 독백

네온의 눈빛을 빠져나간다

적소(謫所)

그해 여름
마른 천둥소리가 바다를 입관시켰다

가면 하나가 눈물을 흘린다
또 다른 가면의 혓바닥이
얼굴을 닦아준다
질긴 인연은 배롱 어깨에서
덧난 촉수를 세우고
무너져 내린 서풍의 입질은
바퀴 없는 휠체어를 굴리며 간다
구름에 절여진 해변이
수탄장 하늘에 우물을 파면
탄식하는 붉은 영혼들
오뉴월 햇살을 파먹는다
이마에 못질 하는 그림자 뒤에
노을이 휘청거리고
비탈진 무덤 너머로 울음이 찢어진다
소리가 굳어진 보리피리

절망을 불며 가고
허기진 파도는
팔영산 숲을 헤엄쳐 다닌다

뭉크의 절규가 화염에 떨 때
길을 놓친 발가락 하나
비틀거리는 절벽을 움켜잡는다

타임캡슐에 기대어 1

그랜드피아노가 유혹하는 창가에서
여자는 목련 이빨을 두드린다
박쥐 떼가 어둠을 난타하고
거꾸로 매달린 기둥들이 왼쪽으로 밀려가면
벽화 속에서 여자의 드레스가 걸어 나온다
한쪽 동공에서 검은 산 하나가 솟아나자
다른 쪽은 뿔 달린 구름을 토해낸다
오륜기 나부끼는 운동장엔
어린 신발이 게양대에 매달려 펄럭이고
잃어버린 오른쪽 발을 우물에서 건져올린다
척추뼈가 희미하게 얼룩져 있는 트랙 위로
작은 발자국이 술래를 찾아 헤매면
내 그림자는 뒷걸음치며 우물 곁으로 달려간다
개구리밥 우거진 물속에서
아이가 피라미를 따라 흐르고
나는 두레박 가득 주먹별을 퍼 올린다
몸을 뒤척이는 사이
뇌성을 지르며 우물이 떠내려간다

별똥별이 된 아이는 물살에 휩쓸려 허우적거린다
꿈에서 탈출한 그대
목련 귀를 잘라 머리에 꽂고
잠 밖으로 외출을 한다

문을 열자 훌쩍 자란 소년이 내 손목을 훔친다
쏟아지는 새벽이 눈꺼풀을 낚아챈다

타임캡슐에 기대어 2

도시를 가로지르는 인어공주가 붉은 안개를 헤쳐간다
타임머신을 타고 온 안데르센
두개골에 뫼비우스의 띠를 두르고 사랑을 고백한다
아홉 시 정각에 매달린 담배연기가
안달루시아 평원으로 날아오르면
체류하는 타이타닉호
위성사진 눈썹에서 휘날린다
발자국을 도둑맞은 쇄빙선이
출구를 빠져나가며 구름 밖으로 추락한다
액자 속에 걸려 있는 파도를 밀어내자
국적 없는 그림자가 복제된 로봇과 내통한다

사과나무 그늘에서 풋잠에 빠진 뉴턴
심장을 미루나무 숲에 풀어놓고
비상등을 탈출한다
무너진 철학들이 해리포터 검은 뿔테에 걸려
잠적을 기다린다

제3부

박태기나무의 구두 1

꽃잎 하나 눈썹을 치켜뜨면
나비는 폴카 선율에 기대어 날아오른다
두 겹 꽃잎이 하늘을 베어 물자
호접나비 떼 날개를 펼친다
나무둥치에서 눈썹이 짝지어 떨어진다
우주가 반쯤 기울어진다
궁력에 밀려 은하수 어깨가 허물어지면
잔인한 전설이 터져 나오고
보랏빛 탄식은 줄을 지어 쏟아진다
눈앞에 펼쳐진 누리가 낯설어
잠시 눈을 감고 침묵 중이다
나비의 풋잠이 세 들어 사는 허공
떠돌이 여신들은
찢겨 나간 스크린 도어를 밀어 젖힌다
봄빛이 지평 아래 꿈틀거리면
박태기나무 구두에 낮달이 들어와 똬리를 튼다
주인 잃은 신발은 홍역을 앓고
아스피린에 취한 왼쪽 발이 휘청거린다

박태기나무의 구두 2

 꽃잎 속에서 그믐달이 떠오른다 화성에서 온 수꽃은 왼손잡이다 느리게 쌓여 있는 바람의 흔적을 기억하는 그대 벌어진 입속에 세 갈래 길이 열리고 벗겨진 입김이 달려온다 적막을 깨물면 목젖에 날개가 하나씩 돋아나고 입 안 가득 새소리가 나부낀다 자주색 꽃은 정원사의 동침을 침묵하며 하늘을 잉태한다 그림자의 묵언 부풀어 오르고 고여 있는 울음소리가 발목에서 피어난다 우주에서 떠도는 환청이 마취에서 깨어나는 봄밤 쌍봉낙타 눈빛이 가지마다 매달려 짝짓기를 한다 푸른 혓바닥 내밀며 맨발로 찾아온 그대 눈썹달이 보들레르의 꿈을 풀어헤치면 추락하는 나비 떼가 초인종을 누른다

박태기나무의 구두 3

   그림자가 깊어지면 그대는 장자의 꿈을 부화한다 온종일 나무 아래 앉아 죽은 나비의 전생을 스캔하면 애벌레의 입술들 허공을 빠져나온다 거울 속에서 기생나비의 환청이 들려오면 죽음에 편승하지 못한 껍데기들 투명한 꿈을 달고 날아오른다 하늘이 뜨거워지고 처마 없는 집 창가로 어린 생명들이 번호표를 뽑으며 입실한다 발목에 감기는 꽃향기가 후방 렌즈에 찍히면 새들의 부리에 물이 오른다 찢겨 나간 길들이 가지마다 나부끼고 까마귀 울음 취한 남자의 구두가 스메타나의 팔려간 신부와 춤을 춘다 깨진 종소리 발밑에 깔리면 방울뱀의 노란 헛바닥이 자정을 끌고 간다 어린 철학자는 꽃이 지는 이유를 잊은 채 철문 밖에서 서성이고 사월에 중독된 나는 복사뼈의 통증을 수신한다

박태기나무의 구두 4

  오후 다섯 시 태양이 핀 조명을 아파트 옆구리에 분사한다 퇴근길을 놓친 702호 우편함에는 소인 찍힌 얼굴 하나 꽂혀 있다 붉게 칠한 입술은 옆집 우편물을 곁눈질하고 현관이 열리는 소리에 유리문 근육이 부풀어 오른다 구둣발에 묶인 로맨스가 몇 개 문장들의 안부를 묻고 날씨를 걱정하며 아이슬란드에서 날아온 오로라의 외도를 차갑게 항변한다 화단가를 배회하는 낮달이 집배원 오토바이 소리에 놀라 처방전을 놓치자 눈썹을 치켜뜬 새끼고양이가 알약을 물고 도망간다 약국 간판에 불면증 앓는 고양이 발톱이 인화되고 베르테르의 그림자가 애기사과나무 가지에 목을 맨다 수취 거절당한 빗방울이 수도원 담장을 기웃거리는 동안 서풍이 입질을 해오고 나는 탈선한 사월 어깨에 이식된다

박태기나무의 구두 5

 사월에 눈이 내리고 새들의 묘지에 카프카의 입술이 나부낀다 바코드 찍힌 나의 전생이 멀어지면 새 울음소리는 포승줄에 묶여 교차로를 건너간다 길을 수집하는 내비게이션은 구두의 지문을 검색하며 업그레이드된 악몽을 열람한다 꿈길을 따라온 파이프오르간 소리 창밖을 노려보자 녹색 뱀 한 마리 검은 건반을 갉아먹는다 두둑많은 그림자기 적산가옥 처마로 숨어들면 방탄소년들의 목소리가 발자국을 찍는다 소리사냥꾼은 불하받은 악성루머를 라일락나무 아래 묻어놓고 그대는 8호선을 타고 떠난다 야행성 적막이 무너져 내리는 블랙홀로 박제된 이야기들이 타오르고 식은 태양은 행성 밖으로 뛰어내린다 다섯 번 허물 벗는 봄밤의 살 냄새에서 붉은 박쥐들의 이마가 이글거린다

박태기나무의 구두 6

미술관 가는 길에는
기상 캐스터의 목소리가 앉아 있다
하늘에서 붉은 입술이 쏟아지고
우산을 잃어버린 나는
빗소리 고여 있는 갓길을 채집하여
앨범 속에서 양육한다
울음을 삼키는 자코메티 조각상의 반란이
빗줄기에 실려 전시실을 횡단한다
A작가의 북극성 앞에서
별자리를 찾아 헤매는 여자의 샌들 소리
갤러리를 끌고 간다
우물에서 건져 올린 그믐달을
나선형 계단에 펼쳐놓고
달이 차오르기를 기다리는 동안
나는 달빛 울대를 꺾어들고
그림자의 유혹을 쫓아간다
신발을 묶으며 절규하는 꽃잎들이
벼랑 끝에서 몸을 날리면

울부짖는 짐승들 낯선 비행을 꿈꾼다
꽃 지는 날에는
박태기나무 혓바닥에서 초인종이 울리고
만삭의 사월이 휘청거린다

박태기나무의 구두 7

꽃들의 통곡이
고층 빌딩에 걸려 휘청이는 밤
너의 이중 자화상이 빗속에 저물어간다
비행을 준비하는 모란 겨드랑이에서
푸른 강물이 넘실거리고
쾌락의 정원은 가끔씩
성장통 앓는 밤을 해산한다
폭우 속으로 불시착한 어린 바다
흩날리는 쪽빛 사유를
짧은 혓바닥으로 쓸어 담는다
묵시록을 펼치면
남풍의 뜨거운 입질에
난도질당한 봄날이
빗장 걸린 문 밖에서 수배 중이다
난파된 강을 건너가는 그대 심장에
프시케 영혼을 접속하면
지상은 화염에 휩싸인다
무한궤도를 이탈한 목성이

낙화놀이에 빠져 은밀하게 귀환할 때
장미에 찔린 봄비가 피를 흘린다
길을 놓친 봄이 사월을 갉아먹는다

박태기나무의 구두 8

 꽃들의 환청이 쏟아지는 자정 나는 불 꺼진 실험실 창문 앞에서 여섯 번째 봉인된 시계 소리를 만난다 우수에 젖은 너의 초상화가 희미한 램프 속을 질주하면 아비뇽 처녀들 헤라의 가면을 쓰고 밤거리를 배회한다 실종된 봄날을 끌고 가는 괘종시계가 지상의 불면을 해산하고 조등을 실어 나르는 사이렌이 시든 꽃잎을 수거한다 혁명을 소모한 계절이 모란을 꺾어 들고 사월을 건너가는 동안 환각에서 깨어난 질긴 종소리 긴 잠을 털어낸다 꼬리를 태워버린 유성이 발자국을 게워내면 전갈자리 울대는 기다림도 잊은 채 기억의 껍질을 낚아챈다 행성의 발자취를 읽은 새벽 절벽을 기어오르는 디기탈리스 함성이 우거지면 봄의 각도와 접속하는 오후가 여자의 하이힐 끝에서 활황 중이다

박태기나무의 구두 9

　내가 나비 꿈을 순산하는 날에는 캘린더의 붉은 숫자가 울음을 삼킨다 탯줄에 묶인 사월이 떠나가는 동안 모란의 낡은 몽타주는 자라 바다가 되고 바다도 몸집을 키워 달빛 병원까지 밀려와 출렁거린다 그대 자화상이 바다에 빠져 허우적거리면 모란의 숨소리는 작은 어항 속에서 굴러다닌다 켜켜이 쌓여 있는 꽃밥 옆에서 어린 물고기 한 마리 임지손톱을 뜯으며 눈물을 흘린다 지느러미에 매달려 잠 못 이루는 애벌레 떼 줄 지어 난청을 호소하고 색채 쇼크에 빠진 진주 귀걸이 단 여인의 목덜미에서 꽃잎이 떨어진다 프로포폴에 취한 병동은 한낮에도 꿈길을 걸어 다니고 개화를 앞둔 만삭의 바다는 산통에 몸부림치며 들것에 실려 나간다 기우뚱거리는 해안선 옆구리에서 노랑지빠귀 발톱이 봄 하늘을 낚아챈다

박태기나무의 구두 10

그믐달 몰락이 시작되면
입술을 도둑맞은 사월은
노예들의 아침을 뜨겁게 열창한다
사슬에 묶여 떠나는 그대 뒷모습
안개비에 가려져 몸부림치고
비행을 끝낸 모란 어깨 위에서
현악기의 날개가 소용돌이친다
절망을 노래하는 나의 콘트라베이스
몸속에 검은 비가 내리고
문 밖에는 늙어가는 봄날이
그대의 부재를 껴안는다
죽은 화가의 목청이 우거진 밤이면
낯선 발자국 소리 꽃잎 속으로 귀환하고
오래된 박태기나무의 사랑
허공을 끌어당긴다
떠나지 못하는 그림자 맨발로 돌아와
낡은 글씨에 입맞춤하며
노을 속으로 망명한다

벼랑 끝에 선 저 호접나비 행렬이
백날의 고통을 풀어헤치고
청동 시계의 이마에서 물결치는 북두칠성
마티스 거리에서 싸락눈을 뿌린다

그대 몸날은 나시 짐꼴하고 있다

브레비카리스의 반란

그녀의 눈빛은 시린 겨울이다

지중해 건너온 햇살 속엔

이끼가 자란다

거세된 언어들이 빠져나가면

목덜미에 내장된 물관은 가시를 밀어낸다

몸속에 박힌 통증

슬픈 기억으로 흐르다가

가끔씩 껍질을 깨고 나온다

생경하게

사막이 그리울 때

태양을 향해 심장을 말리며

나는 자라난 발톱을 하나씩 자른다

목마른 시차를 내려놓는 오후

잠들면 깨어나는 별빛이

이슬을 쓸어 혓바닥을 채운다

삼백여 일 물길을 찾는 그 여자

모래밭 내력을 두터운 입술로 뿜어내고
맹금류 울음 껴입은 여름날 고행이
송곳니로 돋아난다
민낯으로 바라보는 하늘은
언제나 돌아앉아 있다
발신자 없이 날아온 문자에
물소리가 쌓여 있다

아부다비 1

나는 타오르는 절벽에서
탱탱한 리우사막을 당긴다
느린 시차가 하늘을 헐어내자
불면의 그늘이 박물관 어귀에서 서성이고
밤의 뿌리가 뜨겁게 몸부림친다
허공의 경계에서 사투를 벌이는 안개 무리
무심히 돔 지붕을 낚아챈다
노을을 끌고 가는 철새들의 성난 부리가
보름달을 쪼고 있다
젊은 차이코프스키의 시선 너머로
날아오르는 붉은 그림자
코니쉬 해변 위에 천막처럼 걸려 있다
내 입술에 속삭이는 하현달 숨소리
벼랑 끝을 돌아 나갈 때
초저녁잠 깊은 은하수 허리에
눈동자 하나 매달린다

꿈은 아홉 번째 언어를 지상에 내려놓는다

아부다비 2

붉은 사막이 정처 없이 떠돌고 있다
바람은 서쪽으로 불어오고
작은 산들이 줄지어 생겨나면
구릉 아래로 차도르 두른 여자가 걸어온다
불타버린 태양을 끌고 가는 바퀴살에
빨간 칸나꽃 한 송이 피어난다
낙타 발등을 할퀴는 폭설주의보
성난 모래바람이 꽃잎을 퍼 나르면
목쉰 경적 울리는 정오가 뜨겁게 타오르고
타이머가 활화산을 깨운다
피자집 계단 옆에서
올리브나무가 지친 해를 굴리면
여자는 긴 잠에서 풀려나
두바이 쪽으로 걸어간다
노랗게 익은 길이 꿈틀거리고
여우 꼬리에서 불타는 봄날
신기루 한 폭 활황 중이다

아부다비 3

에미리트는 깊은 잠에서 눈을 떠
굵은 팔뚝의 초침 소리를 깨운다
통증이 우거진 사거리에서
지름길 찾는 집시 눈망울
정지선 위에서 기우뚱거리면
해바라기를 굴리는 갈릴레이
뜨거운 태양을 움켜쥔다
남자 하나가 뎅기열에 달뜬 행성을
온종일 손바닥에 올려놓고
십이차선 달빛을 점자로 새긴다
루페에 매달린 오른쪽 눈이
비틀어진 자화상을 돌리자
심장에 꽂힌 새소리 요란하고
수혈 받은 길들이 꿈틀거린다
일그러진 사랑을 청동거울에 비추자
사막 왕국의 아침이 눈을 뜬다
그 남자 오후는
검은 모래 숲으로 날아들고

놀란 뼈들이 우수수 일어서면
낙타 걸음 재촉하는 우주가 들썩인다

사막 검색

　팔월을 클릭하면 타클라마칸이 흐릿하게 깨어난다 타임캡슐 속 흑백사진 몇 장 검색되고 기억들 흩어지면 대지를 기웃대는 모래바람 유목민의 돌집으로 찾아든다 굽이치는 은하 물결 유성처럼 쏟아지고 긴 시간 잠을 자는 보아뱀 밤낮 코끼리 꿈을 꾼다 꿈속에서 사막을 횡단하는 아기 코끼리의 발자국 소리가 모래펄에서 펄럭인다 소행성 하나 방황할 때 멀리 어린 왕자가 신기루를 유혹한다 칵테일 일출이 행진하는 적막을 끌고 오면 고독을 짊어진 낙타의 그림자가 보랏빛 허공에서 성호를 그린다 사막이 실어증에서 순식간 빠져나오면 비로소 새벽이 무래무지 너머로 걸어온다

제4부

아웃사이더

　이른 새벽은 공항 터미널에서 쓰러진다 이월은 하루 운세를 점치고 경제신문 사설에서 밀려난 발정 난 암고양이 버터처럼 녹아내린다 셀카 놀이에 빠져든 박태기나무 절정 없는 아우성을 끌고 가면 흐린 그림자 하나 해산을 꿈꾼다 투명한 몸짓으로 흩어지는 진눈깨비 가로등 이마에 동공을 맞추는 동안 봄날에 번승한 키 낮은 달력이 등판을 보이며 돌아앉는다 여우비 겨드랑이 사이로 목련 새 한 마리 날아오르고 햇살은 그늘을 건져 올린다 상공으로 귀환하는 여객기의 날개가 제트기류의 페달을 밟으며 일만 피트를 배회하는 어제에 당도한다

램프란트 미술관에서

 기울어진 액자 속에서 바다가 쏟아진다 무릎까지 푸른 안개가 차오르고 바닥으로 팽개쳐진 돛폭이 파도를 감아올린다 덧칠한 벽화가 파닥거린다 조타실에서 흘러나오는 암호가 내 발목을 잡아끌고 졸음에 겨운 물살은 스피커 소리에 비명을 지른다 표류하는 크루즈선 이마에 햇살이 꽂히고 큐레이터의 입술이 갑판 위를 배회한다 방향키를 놓친 선장의 귓바퀴가 뱃전을 구르면 노을을 건져 올리는 눈빛들이 익사한다 자폐증 앓는 물결이 헤엄쳐 다니는 동안 스탕달 증후군에 시달리는 그림 한 점 화가의 눈망울을 빠져나온다 거대한 야경의 근육질이 십자가에서 내려지는 예수를 떠받치고 있다

붉은 소나기

 짙푸른 함성이 쏟아져 내리면 그대는 반항하는 태양의 날개를 꺾는다 어둠 뚫고 부르짖는 카를 마르크스 이마가 공중에서 깃발을 흔들고 직진을 외치는 묵은 이념 물결친다 지중해를 건너온 허리케인이 무궁화 어깨를 관통하자 젖은 눈빛 세상을 노려본다 한 번도 길을 떠난 적 없는 그대 천둥소리 등에 업고 해 그림자와 마주실 때 지니가는 편서풍도 비껴가다 예고 없는 발길질로 시작된 노역은 하늘을 짓밟는 정중동(靜中動), 달구어진 두 개의 번개가 더듬이 끝에 매달린다 그대 뒷모습에 수행자의 묵언이 타오른다 흘러내리는 영혼 하나 뜨거운 적막을 끌고 간다

 무너져 내리는 산소마스크가 플라타너스 팔뚝에서 목숨을 지탱한다 도시를 끌고 가는 투명한 비명이 건널목에서 알몸으로 미끄러진다 안테나가 솟구치고 심장을 닦는 신호등이 하늘 분수를 뽑아 이마에 꽂는다 아스팔트 위로 떠다니는 차선들 살이 타오르고 동맥이 꿈틀거린다 빗발치는 스팸 문자가 토네이도 등판에 뿌리내린다 폐쇄회로를 헐어내는 자웅동체 간절함은 지구 밖에서 춤춘다

반정

목련 정수리에 꽂혀 있는 힙합이 방전된다
폭설이 빠져나간 동물병원 언저리에서
충전이 다급한 봄이
저만치 비켜선 횡단보도 위로
요염한 몸짓으로 달려온다
세 겹을 뚫고 터지는 마리아칼라스의 목청
남자는 휴대폰으로 별자리 사이트를 발송한다
핑크빛 슈트가 감겨 있는 목덜미로
하늘을 찢는 일렉트릭 기타의 굉음이
공중에서 무리 지어 추락한다
끊어진 기타 줄이 쏟아지고
은색의 실뱀들이 몸통을 휘감는다
교체된 엄지에서 불꽃이 타오르면
래퍼 눈빛에 광기가 이글거린다
포위된 고층 빌딩이 SOS를 치면
정비소를 싣고 달리는 덤프트럭
편백나무 숲 몇 채를 갓길에 부려놓는다
고비사막의 물줄기가 아마존으로 전송되는 동안

도시는 허물어지고

찬란한 경적이 팔차선 도로를 건너간다

붉은 르네상스

 밤을 켜 든 불빛들이 부풀어 오른다 늦은 봄 키 낮은 골목이 실루엣을 가르며 날아오르고 젖은 그림자가 사십 계단을 서성인다 프리미엄 붙은 이바구 공작소의 하늘이 뜨겁게 달궈지면 재개발 등판에서 겨우살이에 지친 암표상이 심장을 표절한다 날 선 언덕에서 곤돌라가 오륙도를 견인해 오고 다섯 채 은하수가 삼복의 혁명을 쏟아놓는다 달빛 사유지에 고여 있는 자정이 새벽을 하역할 때 적재함에 실린 청사진이 스캔된다 불하받은 상현달이 아홉 번째 생을 예약하면 왕복 팔차선은 지적도에 없는 자투리땅을 열람한다 스카이라인에 나부끼는 샤갈의 푸른 연인들이 공터에 숲을 주차하자 길고양이 수염 끝에 매달린 경적 소리 휴머니즘 신화를 기록한다

일기오보 기타

시위를 벗어난 피아졸라 탱고
색유리 거울 발등에 내리꽂힌다
허리케인 꼬리가
교회 첨탑에서 적도의 맨발을 파헤치면
기상청이 놓친 햇살은
아홉 층 구름 앞에 무릎을 꿇는디

큐피드의 심장이 나부끼는 킬리만자로
피뢰침을 비껴나
천문대 어깨를 강타한다
불가사리가 눈 덮인 산정에서 붉게 탈 때
삼매경에 빠진 도시는
자물쇠 풀린 바다를
구겨진 눈총으로 바라본다

캐스터 목청이
두고 온 계절풍 아랫길에 뒹군다

구스타프 빌리지

유리하우스 안에서
피부색 다른 나무들이 사열을 한다
모국어 유창하게 진술하는 모니터가 요동치고
메타세쿼이아 눈빛 이글거리면
스프링클러에서 물줄기가 뜨겁게 날아오른다
묵은 신화가 용트림하는 올드 팝 공연장
지구본을 끌고 가는 은하수가
21세기 바벨탑을 쌓아 올린다
하롱베이 탈출한 바람이 가로수 배회하면
초현실의 하늘이
알래스카에서 부풀어 오른다

스토리텔링 교실에서
볕살이 알파벳을 발효시킨다
포도주가 쏟아지는 남대천
거센 몸부림 솟구쳐 오르면
화성인은 천 개의 문을 열고 나온다
시베리아 횡단열차가

프라하 궁전을 신고
유튜브 속으로 들어서자
광장은 데킬라 선율로 달아오른다
무대를 내려서는 사이
에펠탑 불빛 줄지어 기어간다

재생처방전

도시의 옆구리가 사라지면
앉은뱅이책상 머리에서
자명종 소리가 단잠을 후려친다
적산가옥 삼키는 굉음이
확대경 속에서 쏟아지고
대리석 식탁은
다리를 깁스한 채 일어선다
집 떠난 아바타들
적재함 앞에 줄을 서면
메이드 인 차이나가
쌍둥이자리를 타전한다
댓바람을 짖어대는 말티즈
떠돌이 구름을 불러 모으고
몸집 큰 486 모니터가
아날로그 숲을 살찌우는 동안
쏟아지는 댓글부대
십이차선을 벗어던진다
포클레인이 휘어진 생을 퍼 올리면

빗발치는 민원실 벨소리
타워 팰리스 청사진을
사거리에 펼쳐놓는다

헤드라인에 나부끼는 비트코인 지수가
적도에서 아우성친다

도시철도 1

나는 벽 속에 갇힌
별빛을 찾아 나침반을 당긴다
뜨거운 적막이 달려오는 계곡
갈기 세운 기억들이 울부짖고
지하도 건너가는 고압선의 눈빛
되풀이되는 게임에 곤두박질친다
추락하는 정오를 건져 올리자
노역을 끌고 가는 검은 사이렌이
벼랑 끝에서 빈 몸을 날린다
땅속을 깨우는 구름 몇 채
탈출할 수 없는 악몽에 시달릴 때마다
침묵에 길들여진 하늘은
날카로운 비명을 낚아챈다
수척한 사막이 도시를 쏟아내고
교회 첨탑에서 오아시스가 자라나면
태양은 그림자를 레일 위로 끌어 올린다
깊은 고독에서 늪이 깨어나면
공룡의 등판이 지평을 조율한다

도시철도 2

빗줄기가 난바다의 등판을 타고 흐른다
오후 4시를 질주하는
하루의 끝머리에서 구름이 새어 나오고
어둠을 헤집는 관절은 내리막을 두려워한다
스크린 도어에 굴절된 밤이
겹겹으로 스쳐갈 때
초승달 비명이 쏟아진다
터널을 빠져나온 스토리가
아득하게 침묵 중인
자정의 진공 속으로 숨어든다
검붉은 망토가 광야를 헤집으며 엄습하면
환청은 수천 갈래로 흩어진다
환승역을 지나는 스핑크스
흔들리는 지상을 외면하자
5호선을 몰고 가는 그림자가
도시를 정형외과 병동으로 구겨 넣는다
페달 없는 신호등이
잃어버린 건널목을 견인한다

걸어 다니는 조각

라이너 마리아 릴케가
분수대에 기대어 책을 읽는다
중절모를 타고 흐르는 검은 빗소리
허밍체로 탁본되면
몸을 말아 올리는 빗방울이
허공에 찍힌다
코트 깃 세운 청동 옷의 남자는
지하도를 걸어서
스크린도어 앞에 멈춰 선다
전생 몇 장 스치듯 지나가면
남자의 젊은 갈비뼈가 인화되어
젖은 사막으로 출렁거린다
소리가 굳어버린 기억들
대리석 위에서 굴러다니고
그대의 굵은 목청은 불빛을 움켜쥔다
구름이 떨고 있는 계단에 앉아
낡은 철학을 일으켜 세우며
책장 넘기는 근육질 팔뚝은

죽은 시인의 약력을 전광판에 펼쳐놓는다
그림자 펄럭이는 사내의 옷자락이
모사메데스 사막으로 전송된다

늙은 스피노자

새벽 6시
반올림 성형외과 간판이 눈을 뜬다
프로포폴 번지는 반쪽 창문에
허기진 아우성 차오르면
개 짖는 소리 청소차 바퀴에 감긴다
신문 배달 스쿠터가
덜 깬 적막을 허공에 쌓는다
그림자를 깨우는 가로등
풀리지 않는 자화상을 응시한다
봉인된 하늘을 입질하는 빛들의 반란
유리창에 뒤엉킨 상반신이 수려하다
밤을 채굴하는 비트코인 민낯이
미화원 빗자루 끝에서 척추를 세우면
기억을 차단시킨 시계가
흩어진 피라미드를 끌고 온다
재즈를 주문한 여자의 팔자주름 앞에
야윈 햇살이 탐스럽게 서 있다

겨울 알리바이

몽블랑의 하늘이 달려오면
슈만의 건반 위로 가창오리 떼 날아오른다
깃발 없이 나부끼는 유령변주곡
환승역 지나는 여자 어깨 위에 꽂힌다

폭설이 떡갈나무 숲에 딤재회를 그린다
무너진 계곡 몇 채
클라라의 발등에서 뜨겁게 불탄다
나선형 계단을 돌아나가면
그 여자의 머리칼이 몸부림을 친다
북서풍을 견인하는 태풍의 눈은
편승을 기다리며
산정에 달빛을 게워낸다

너의 맥박이 걸린 주파수는
상현달 그림자에 갇히고
유폐된 내일을 두드리는 작품 19번
눈 덮인 산의 이마에서 펄럭인다

샛별미술관에서

여러 빛깔의 지퍼가 달려 있는
나는
입이 큰 도넛이다

지퍼 하나를 열고 들어가면 속살 위에
바닐라 향 머리칼이 찰랑거리고
초록의 또 다른 지퍼를 열면
폭설에 갇힌 자작나무 숲이 하얀 살갗을 태우며
별 바라기를 한다

오렌지 빛깔 지퍼에서 부풀어 오른 행진곡이
병정들의 군홧발 소리를 풀어놓으면
초승달은 뒷문을 열어 도둑고양이를 탈출시킨다
알람이 울리고
어린 첼로 선율 전시장을 돌아 나온다
지퍼의 눈시울이 떨려오고
유년을 삼킨 숲이 기억을 소환한다

별을 움켜쥐고 서 있는 어린 왕자가
백 호짜리 화폭 속에서 걸어 나온다
잃어버린 사막을 찾아
안개 너머에서 쪽잠을 청하는 늙은 화가
다섯 개의 아침을 스케치한다

비의 진혼곡

　장마가 스며드는 공터에는 소나기 울음이 깔려 있다 빗물을 쌓아 올리는 까마귀 부리가 왼쪽 먹구름을 조율한다 천둥이 횡단보도 위를 질주하고 무당거미 떼 도시의 내장을 빨아들인다 여자를 찾는 찌라시 한 장 손바닥에 안개비를 저장하면 검은 피를 수혈 받는 운무 밖에서 누군가 나를 부른다 미닫이를 밀면 도둑고양이 한 마리 달려와 내 낡은 신발을 할퀸다 발꿈치를 깨물고 꿈속으로 달아나는 잔등 위로 속도를 꺾어버린 블랙박스가 스캔된다 공포가 나를 엄습하고 유괴된 나의 전생이 히말라야 산을 꺼내어 단숨에 들이킨다 휘청거리는 날카로운 그대 눈빛에 구멍이 뚫리고 다초점의 오후를 촬영하는 렌즈에서 복면 쓴 여자가 인화된다 빗소리가 방아쇠를 당기는 동안 안개를 건져 올리는 잠수사의 오후가 쏟아진다

해설

이중부재와 시 쓰기의 괴로움
― 정경미 시의 질문법

백인덕(시인)

1.

우리가 지각하고 인식했던 '현실'에서 '부재와 결핍'은 개념상 명확하게 차별적으로 드러난다. 부재는 원래 존재하지 않는 것으로서 의미가 있다. 독수리와 사자의 예를 보자. 독수리에게 날개가 없다는 것은 결핍이지만, 사자에게 없는 날개는 부재가 된다. 독수리의 결핍된 날개는 존재의 정의와 양태 나아가 생존에 결정적인 영향을 미치지만, 사자에게 부재인 날개는 오히려 사자라는 존재를 규정하는 강력한 소구가 된다.

현실은 없다. 지각과 인식의 주체로 우리를 정위(定位)하고, 우리가 스스로 형성한다고 믿는 현실은 '형이상학'(metaphysics)의 축적된 개념에 지나지 않는다. 그 현실은 모든 감각이

뿔뿔이 흩어지고 인지가 자꾸 경로를 이탈할 때, 그렇게 강하게 주장되어 온 '본질'로 사태를 교정하거나 복원하지 못한다. 나아가 세계와 우주는 자기 충족적 법칙에 따라 지속하는 과정이 있을 뿐, 원래의 형상이나 되어야 할 목표를 내포하지도 외화하지도 않는다. 현실이란 맑거나 흐린 날, 흐르거나 머물러 있는 물 위의 윤슬처럼 찰나적으로 맺히는 것. 그것뿐이다.

    화폭을 펼치자 이중 자화상이 이마를 포개어 바라보고 있다 창백한 얼굴 하나 눈앞에 어른거리며 영혼을 어루만진다 그대의 잘려 나간 귓가에 까마귀 울음이 진열된다 죽음을 토막 내는 데미안 허스트의 두개골이 전시장에 굴러다닌다 유리벽에 갇힌 겨울이 탈출을 한다 나르시즘을 붓질하는 봄빛이 미술관 지붕에서 나부끼자 페르소나 가면 쓴 살인마가 달려와 입을 맞춘다 달콤한 잠에서 깨어나는 요양원 뒤뜰 앉은뱅이 제비꽃이 휠체어를 굴리며 복도를 행진한다 링거병에서 피어나는 꽃들이 난간을 뛰어내린다 정오를 기억하는 눈썹들은 일제히 그림자를 뒤집어쓰고 액자 속에서 빠져나온다 봄날은 붉은 음성으로 아우성치며 도마뱀 입술 위에서 신발 끈을 묶는다

―「유혹」 전문

정경미 시인은 이번 시집에서 이성에 의해 합리적이라고 보증되었던 현실에 의문을 제기한다. 사적(史的)으로 이 의문은 초현실주의의 목표를 넘어선다. 브르통은 "'초현실'은 경험의 의식적 영역과 무의식적 영역을 완벽하게 결합시키는 수단이고, 그 초현실 속에서 꿈과 환상의 세계가 일상적 이성의 세계와 결합될 수 있다"고 보았다. 그들은 현실 자체가 아니라 '의식/무의식'처럼 현실의 지배적 요소, '꿈과 환상'처럼 현실을 구성하는 요소들의 주종(主從), 그 배치와 역할에 의문을 제기했다. 그들은 기술적 혁신의 여명을 볼 수 있었을 뿐이고, 예견은 인식의 맹아(萌芽)에서 성장을 멈출 수밖에 없었다. 현실 자체가 막(膜)이 없는 순수한 관념의 구성물이면서 동시에 여러 겹으로 찢어질 수 있는 시공의 전회라는 것이 드러난 것은 최근이기 때문이다. 이 시간적 간극은 기술이 존재를 구현하는 도구에서 존재 자체를 형성한다는 인식의 차이와 같다.

머리칼 풀어헤친 열기가 빌딩 숲을 핥는다 횡단보도 위에서 뙤약볕이 몸부림치고 잠을 놓친 에어컨은 덧칠한 피자집 창문에 앉아 붉은 비명을 지른다 수족관에서 컬러 테트라 무리가 물 계단을 오르면 귓바퀴 돌리는 수초가 열오른 수은주를 삼킨다 수영복의 마네킹들 자두빛 물방울을 뿌리며 거리를 활보한다 별빛 아래서 분수가 샤워를 즐기고 올빼미족들 어둠을 갉아먹는다 남아공 주먹별이 쏟

아진다 소나기가 발톱을 세운다 고비사막 건너온 쌍봉낙
타가 등판을 흔든다 공중에서 짝짓기 하는 달맞이꽃 네온
은 열대성 고기압을 풀어놓고 신호기를 당긴다 말복이 교
회 첨탑에서 나부낄 때 해독할 수 없는 자귀나무 그림자
눈을 뜬다

―「나는 클릭한다」 전문

시인의 존재론은 단호하다. '나는 클릭한다'가 세상을 연다. 다만, 아직까지 나의 존재는 드러나지 않는다. 은폐된 것인지, 구조적으로 말하는(시적 화자) 자의 밖에 있는지는 명확하지 않다. 그러나 분명한 것은 '클릭'이 훑는 대상들이 이제껏 현실이라 믿은, 아니 현실을 구성하는 주요소인 대상들과 닮아 있다는 점이다. "머리칼 풀어헤친 열기가 빌딩 숲을 훑는다 횡단보도 위에서 뙤약볕이 몸부림치고 잠을 놓친 에어컨은 덧칠한 피자집 창문에 앉아 붉은 비명을 지른다"는 표현은 폭염 속 도시의 거리 한 부분을 떼어낸 정밀한 묘사에 다름 아니다. 다만 시인은 표현적 기교로 문장이 바로 놓이는 정치법을 훼손하고, 상식적인 원인과 결과의 순서를 뒤집음으로써 일종의 이질감을 획득하고 있다. 이는 시인이 의문을 제기할 뿐만 아니라 그것을 구체화할 수단을 갖고 있다는 점에서 바람직하다.

이번 시집의 구성은 자못 유의미하다. 작품을 개별적으로

형성하는 구조에서 수록 작품 전체를 망라하는 구조는 거의 동일하지만, 이 작품들을 배치한 구성은 시인의 고민과 배려가 깔려 있다고 보이기 때문이다.

> 무채색의 하늘이
> 온종일 팔레트 위에 넘어져 있다
> 아파트 외벽에 매달린 햇살은
> 고소공포증에 시달리고
> 로프를 타는
> 몸집 큰 그림자 하나
> 허기진 두 손을 짖어댄다
> 북벽을 오르는 먹구름 몇 채
> 눈물을 뿌리는 동안
> 그늘진 골목길에서
> 낮달의 흔적이 현상된다
> 여우 목도리로 치장한 승용차가
> 장애인 주차장을 들어 올리면
> 창틈을 노리는 늙은 수위는
> 추락한 길을 끌고 간다
> 모스크바행 기차를 놓친 십일월이
> 붉은 담장을 기웃거리고
> 충혈 된 눈으로 고백하는 가로등

젖은 어깨가 비틀거린다

낙엽송 잎새를 불태우는 찬비가

릴케의 시든 옷깃을 세우면

낡은 이념을 걸친 전봇대는

빛나는 계급장으로 반짝인다

—「십일월의 푸시킨 2」 전문

배치 상 1부의 대부분을 차지하는 작품은 「십일월의 푸시킨」 연작이다. 왜 하필 '십일월'이며, 왜 하필 '푸시킨'일까. 연상을 통해 유추해 보자. 연상은 결국 '유사성'을 기반으로 해서 촉발되는 것이므로 상상의 힘으로써 그 한계가 명확하다. 그것은 기존의 의미망에서 이탈하거나 쉽게 찢고 나오지 못한다. 그 한계 안에서 시를 읽자면, '십일월'은 그 어떤 시인의 말처럼 되돌아가기에는 너무 멀리 와버렸고 버리기에는 아까운 시점이 아닐까. 아니라면 천주교의 '마르티노 축일'(11월 11일)처럼 죽은 자가 산 자 속으로 생생하게 되돌아오는 때이기에 선택된 것이 아닐까. 초등학교 입구에 걸려 있던 많은 펜던트 중에 헤세보다 더 많았던 것은 푸시킨이었다. "삶이 그대를 속일지라도"로 시작하는 그것은 추억의 편린이지만, 성장하며 주입된 사회·경제적 이데올로기를 오롯이 함축한다.

서사를 훼방하면서 시적 서술의 구조를 반복하는 시행에서 인과적 이야기를 꿰어내려는 것은 무모하고 무의미한 작업이 되기 십상이다. 「푸시킨의 십일월」 연작 열두 편이 한결같은 이유도 여기에 있다. 역으로 어느 작품을 선택해도 시인의 의도와 그 방법이 달라지지는 않는다. 완성된 작품으로서 맥락 이전에 작품의 현전성을 강조하고 있기 때문이다.

인용 시에는 '현실'에서 계급적으로 구분되는 인물들이 등장한다. "로프를 타는/몸집 큰 그림자 하나"와 기회주의적인 '늙은 수위', 그리고 "여우 목도리로 치장한 승용차"가 있다. 말 그대로 "장애인 주차장을 들어 올리는" 승용차는 제유다. '그림자'와 '승용차' 사이에 위치한 '늙은 수위'는 물론 시 속에서도 아무 결정 권한이 없다. 이 시에서 가장 힘 있는 존재는 "릴케의 시든 옷깃을 세우"는 '찬비'와 '낡은 이념'을 '빛나는 계급장'으로 바꿔 단 '전봇대'다. 인식하고 행위 하는 주체와 그것을 둘러싼 분위기로서의 장치의 위계가 바뀌는 순간이다. 현실은 이데올로기적 구분에 따라 흐르지만, '릴케—이념'의 메타픽지스는 질끈 눈을 감고 반짝인다.

연작에는 생생한 현실, 혹은 눈앞에 펼쳐진 시각적 대상으로서의 현실이 있다. 그것은 일상의 언어의 옷을 입고 시간을 어슬렁거린다. "비에 젖은 재개발 공터"(「십일월의 푸시킨 3」)나 "급식소 앞에 늘어선 그림자 행렬/늙은 행상의 허기가 탑이 되어 쌓인다"(「십일월의 푸시킨 9」)처럼 그려진다. 반면에 이 현실을 대체하거나 초월할 존재, 또는 존재의 가능성은 잘

드러나지 않는다. 이른바 누가 말하는가, 라는 '주체'의 문제가 다시 제기된다.

1부는 「클릭」에서 시작해서 「나는 클릭한다」로 닫힌다. 비약하자면 '클릭'이라는 하나의 관습적 동작이 '나는 ~다(한다)'라는 존재 정의로 변환하는 모습을 보여준다.

2.

주지의 사실이지만, 메타피직스에 의해 형성된 현실(감/관)은 지난 세기의 여러 충격을 통해 내파한다. 그중 하나는 '의식/무의식'의 위상과 영향에 관한 것이다. 무의식의 각인은 의식보다 훨씬 강력하고, 표면에 떠오를 때 '낯선 섬뜩함'으로 규정된다는 것이다. 응시와 욕망을 뒤로 미루고 이 부분에서만 시를 읽어본다.

> 커튼 사이로 쏟아지는 불빛이
> 가면을 쓰고 행진을 한다
> 립스틱 칠한 튤립이 무대를 달구면
> 땅을 깨우는 자전거 페달은
> 능숙한 모델의 발짓을 선보인다
> 마법사가 주문한 헤드라인 뉴스
> 기상 캐스터 오른쪽 귓불에

왈츠를 풀어놓는다

머리칼을 빗어 넘긴 조명등 어깨 너머

박태기나무 스캔들이 검색어 1위로

사이트는 마비되고

풀꽃에 찍힌 수인번호

목이 탄다

꼬마인형 속눈썹이 후사경에 반사되어

뒷모습은 모텔 간판에 도배되고

폭죽 소리 피에타 카페 창밖을 서성인다

다투어 피는 고양이 눈빛은

사월이 무너지는 연둣빛 혁명이다

박수 소리 휘장을 내리치면

복면 쓴 사내의 검은 덧니가

경계 풀린 숨소리를 훔친다

봄밤 옆구리에서 인양한 사십 분

뜨겁게 몸부림친다

―「매직 쇼 4」 전문

  2부에서 주요 작품은 「매직 쇼」 연작인 것 같다. 현실에 내재한 독단과 그것이 순식간에 재구(再構)하는 '정상적(?)'인 폭력 앞에서 발화자로서의 주체는 위장을 거듭할 수밖에 없다. 인용 시에서 '가면'과 '복면'은 그 위장의 직설적 어휘지만, '마법사'와 '꼬마인형'은 유사 어휘가 되고, '커튼'과 '사이트'는 의미상 반대를 지칭하면서 동시에 유의어가 된다. 이쯤에서 관계가 중요한지, 선후가 중요한지 되묻고 싶어진다. 문제는 '뜨겁게 몸부림치'는 "봄밤 옆구리에서 인양한 사십 분"이 실재냐 아니냐가 아니라, '가면'의 시간인가, 화자의 시간인가 하는 점이다. 현실 밖에 선다는 것은 초월하는 것일까, 흘러넘치는 것일까.

정경미 시인은 이 연작의 대표적 표상으로 '피에로'를 내세운다. 가령, "사월 폭설이 쏟아진다/피에로 모자를 쓴 중국 인형은/무인자판기 앞에서/애틋한 눈빛을 주고받는다/동전을 넣고 버튼을 누르자/구겨진 길들이 연신 굴러 나오고/키 큰 미루나무 한 그루 일어선다"(「매직 쇼 2」)처럼 대리자로 내세운다. 중국식 짝퉁 인형인 피에로, 결국 클릭의 행위가 중요한 이 시점에서 자기 성찰적 주체란 의미를 벗고 일종의 부유물로 현전한다.

그림자가 깊어지면 그대는 장자의 꿈을 부화한다 온종일 나무 아래 앉아 죽은 나비의 전생을 스캔하면 애벌레의 입술들 허공을 빠져나온다 거울 속에서 기생나비의 환청이 들려오면 죽음에 편승하지 못한 껍데기들 투명한 꿈을 달고 날아오른다 하늘이 뜨거워지고 처마 없는 집 창가로 어린 생명들이 번호표를 뽑으며 입실한다 발목에 감기는 꽃향기가 후방렌즈에 찍히면 새들의 부리에 물이 오른다 찢겨 나간 길들이 가지마다 나부끼고 까마귀 울음 취한 남자의 구두가 스메타나의 팔려간 신부와 춤을 춘다 깨진 종소리 발밑에 깔리면 방울뱀의 노란 혓바닥이 자정을 끌고 간다 어린 철학자는 꽃이 지는 이유를 잊은 채 철문 밖에서 서성이고 사월에 중독된 나는 복사뼈의 통증을 수신한다

—「박태기나무의 구두 3」 전문

 인용 시의 제목에서 시인은 왜 '~의'라는 소유격을 사용했을까. 정상적인 제목이라면 '박태기나무와 구두'가 맞을 것이다. 그러나 이처럼 이질의 두 사물을 병치함으로써 뜻밖의 제3의 의미를 얻게 된다. 아니 사물과 사물이 상호 침투하게 함으로써 '현실과 이상'을 가르던 경계가 무너진다. 이런 시인의 전략을 토대로 이 시집을 읽으면 한층 재미를 더할 것이다.

 인용 시는 시인의 현실관을 그대로 드러낸다. "온종일 나무 아래 앉아 죽은 나비의 전생을 스캔"한다. 그는 '장자의 꿈'을 부화하는 존재다. '호접몽'을 모르는 독자는 없으리라. 그러나 시인은 "사월에 중독된 나는 복사뼈의 통증을 수신"할 뿐이다. 누가 보는가, 누가 말하는가 이전에 정경미 시인의 작품은 '보이는 것'과 '보는 것', 나아가 보는 자의 '응시와 욕망'이 아로새겨져 있다.

정경미 시인은 메타피직스에서 파타피직스(pataphytasics)로 이행을 기도한다. 현실을 넘어서기보다 흘러넘쳐 그 경계가 무화되기를 바란다. 시인의 다른 작품 「어떤 일탈」에서 보여주는 천연덕스런 관찰자의 눈이나 「아웃사이더」에서 보이는 무관계성이 그렇다. 현실은 인과나 선후, 논리 이전에 겹치고 중첩하고 용해되어 단지 끈덕지게 달라붙는 것일지도 모른다. 하지만 여기에는 언제나 '응시와 욕망'이라는 문제가 얽혀 있다.

3.

정경미 시인은 어쩌면 '이중부재'의 상황에 놓여 있는지도 모른다. 그 하나는 메타피직스에서 파타피직스로 현실에 대한 이해가 바뀔 때, 그것이 과연 초월인가 흘러넘침인가를 판단해야 하는 지점에 놓여 있다는 것이다. 초월은 현실을 지탱하는 구조를 유지하려 하겠지만, 흘러넘침은 기존의 모든 구조를 말 그대로 넘어서 버린다. 그것이 어떤 기술적 매뉴얼을 되풀이하는 것에서 창발하지 않는다는 것을 시인은 누구보다 잘 알 것이다. 다른 하나는 언어적 한계, 즉 언어는 그 자체로 색이나 형과 같은 의미를 가질 수 없다는 점에 있다. 시가 미술보다 음악에 닮았다는 것은 괜한 소리가 아니다.

여러 빛깔의 지퍼가 달려 있는

나는

입이 큰 도넛이다

지퍼 하나를 열고 들어가면 속살 위에

바닐라 향 머리칼이 찰랑거리고

초록의 또 다른 지퍼를 열면

폭설에 갇힌 자작나무 숲이 하얀 살갗을 태우며

별 바라기를 한다

오렌지 빛깔 지퍼에서 부풀어 오른 행진곡이

병정들의 군홧발 소리를 풀어놓으면

초승달은 뒷문을 열어 도둑고양이를 탈출시킨다

알람이 울리고

어린 첼로 선율 전시장을 돌아 나온다

지퍼의 눈시울이 떨려오고

유년을 삼킨 숲이 기억을 소환한다

별을 움켜쥐고 서 있는 어린 왕자가

백 호짜리 화폭 속에서 걸어 나온다

잃어버린 사막을 찾아

안개 너머에서 쪽잠을 청하는 늙은 화가

다섯 개의 아침을 스케치한다

―「샛별미술관에서」 전문

시인의 시 쓰기가 괴로운지 기쁜지는 사실 잘 모른다. 그러나 의문을 품고, 변화를 생성하려는 모든 존재는 괴롭다. 정경미 시인의 경우 그 심도(深度)는 차치하고, 페르소나를 중요한 어휘로 사용하는 것 같지는 않다. 페르소나는 자기 인격의 완성에 꼭 필요한 여러 양상에 지나지 않는다는 점을 시인 자신이 잘 알고 있는 듯하다. '탈, 가면' 같은 가짜라는 의미(피에로와 같은)를 넘어서면 현실을 대면하는 응시의 상황적 주체가 된다. 정경미 시인은 이를 "나는/입이 큰 도넛이다"라고 표현한다. 이는 언어적, 사회적, 문화적 맥락을 넘어서는 존재론적 자기 정의의 발화라 볼 수 있다. 여기서 시작되는 현실이 프로이드가 말한 '낯익은 섬뜩함'이라고 해도 이 작업은 최소한 언어적 부재를 밟는 시적 발자국을 남긴다. 그런 의미에서 『어린 철학자는 꽃이 지는 이유를 잊고』는 은유를 넘어서려는 기도(企圖)가 '하얗게' 빛나는 시집이다. 그 발자국이 문학적 가치라 해도 과언이 아니다.

이 도서의 국립중앙도서관 출판시도서목록(CIP)은 서지정보유통지원시스템 홈페이지(http://seoji.nl.go.kr)와 국가자료공동목록시스템(http://www.nl.go.kr/kolisnet)에서 이용하실 수 있습니다.(CIP제어번호: CIP2019045446)

시인동네 시인선 117
어린 철학자는 꽃이 지는 이유를 잊고
ⓒ 정경미

초판 1쇄 인쇄   2019년 11월 15일
초판 1쇄 발행   2019년 11월 22일

    지은이   정경미
    펴낸이   고영
  책임편집   서윤후
    디자인   헤이존
    펴낸곳   문학의전당
  출판등록   제2017-000002호
      주소   서울시 마포구 마포대로 11길 91, 3층
      전화   02-852-1977   팩스   02-852-1978
   전자우편   sbpoem@naver.com

    ISBN   979-11-5896-443-6   03810

*이 책의 판권은 지은이와 문학의전당에 있습니다.
*양측의 서면 동의 없는 무단 전재 및 복제를 금합니다.
*잘못 만들어진 책은 바꿔드립니다.
*이 시집은 2019 부산광역시, 부산문화재단 지역문화예술특성화지원사업 지원으로 제작되었습니다.